Me Pregunto Por Qué

Los potros llevan herraduras

y otras preguntas sobre caballos

Jackie Gaff

EVEREST

Título original: *I Wonder Why Chestnuts Wear Shoes*
Diseñador de la colección: David West Children's Books

Autora: Jackie Gaff
Ilustraciones: Peter Dennis 18abi, 21abd, 22, 23ar, 31ab; James Field (SGA) 10-11, 13ard, 17ard, 18-19ar, 20, 21ar, 23ab, 24ar, 25ar, 26ar, 27, 28-29, 30, 31ar; Lindsay Graham 6-7c, 9c, 12ari; Ian Jackson 4-5c, 6i, 12-13ab, 14ab, 16-17c, 26i; Nicki Palin 9ard, 9abd, 24-25ab; Eric Robson 7ar; Richard Ward 8abi; Wendy Web 8ari; Peter Wilkes (SGA) todas las viñetas.

Dirección editorial: Raquel López Varela
Coordinación editorial: Ana Rodríguez Vega
Traducción: Alberto Jiménez Rioja
Maquetación: Eduardo García Ablanedo

www.everest.es
Atención al cliente: 902 123 400

ISBN: 84-241-0639-3 (Colección completa)
ISBN: 84-241-0645-8
Depósito Legal: LE. 639-2006
Printed in Spain - Impreso en España

EDITORIAL EVERGRÁFICAS, S. L.
Carretera León-La Coruña, km 5
León (España)

CONTENIDOS

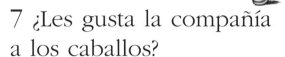

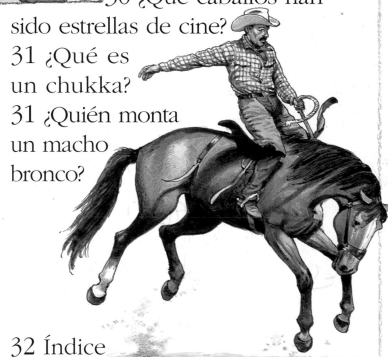

¿Cuáles son las cualidades físicas de un caballo?

Cuando la gente habla de las cualidades física de un caballo, se refieren a distintas partes de su cuerpo, como el hocico o la cola. La forma general y la disposición del la totalidad del cuerpo de un caballo se llama conformación.

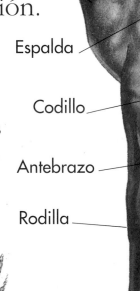

Testuz
Nuca
Crin
Cerviz
Cruz
Quijada
Ollares
Hocico
Cuello
Pecho
Espalda
Codillo
Antebrazo
Rodilla
Caña
Talón
Casco

- La antigua palabra griega para caballo era hippos, y la palabra hipopótamo deriva de dos palabras griegas y significa "caballo de río".

- Si el caballo es hembra se llama yegua, si es macho se llama potro o semental.

- Las cuerdas de los arcos para instrumentos musicales como el chelo suelen hacerse con pelo de cola de caballo.

¿Tienen manos los caballos?

Las manos son las unidades que se utilizan para medir la alzada de un caballo, desde el suelo a la cruz (una mano equivale a 10 centímetros). También se llaman manos a sus pies delanteros.

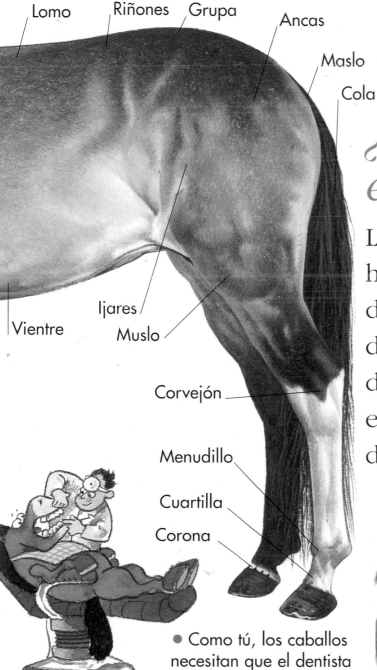

- Lomo
- Riñones
- Grupa
- Ancas
- Maslo
- Cola
- Vientre
- Ijares
- Muslo
- Corvejón
- Menudillo
- Cuartilla
- Corona

● Un poni es un caballo pequeño que mide 14,2 manos o menos.

¿Cómo se sabe la edad de un caballo?

Los caballos comen sobre todo hierba, y masticar esa clase de planta dura desgasta mucho los dientes. Los expertos se hacen idea de la edad de un caballo mirando el grado de desgaste de sus dientes, que aumenta con la edad.

● Como tú, los caballos necesitan que el dentista les haga una revisión año.

¿Cómo se sabe si un caballo es feliz?

Aunque los caballos no puedan hablar, es posible saber cómo se sienten estudiando su expresión corporal. Un caballo feliz alzará la cabeza y la cola, por ejemplo.

● Las cebras pertenecen a la misma familia animal que los caballos, y lo mismo pasa con los asnos y los mulos.

Alerta

Irritado

Temeroso

● Incluso un animal bien adiestrado puede tener sus días malos, así que ni pases por detrás de un caballo ni te quedes junto a sus patas traseras… podrías recibir una coz.

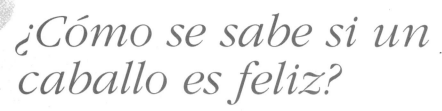

Contento

¿Les gusta la compañía a los caballos?

Claro que sí. Les encanta vivir en manada: así se llama a un grupo de caballos.

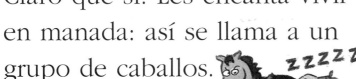

● Los caballos pueden dormir de pie. Si están en manada, uno de ellos suele quedarse despierto para hacer guardia mientras los otros duermen.

¿Cuándo hay potrancas y potrancos?

Cuando una yegua tiene crías. Si la cría es hembra se llama potranca, si es macho, potranco o potrillo. Lo normal es que la yegua para una sola cría a la vez, después de un año de embarazo.

● Los caballos pueden estar emparentados con los mulos: la mula desciende de burro (asno) y yegua; el burdégano desciende de caballo y burra. Sin embargo, ni mulas ni burdéganos pueden tener sus propias crías.

¿Qué es el arnés?

El arnés son las guarniciones o arreos que lleva el caballo para que la gente pueda montarlo. Las piezas principales son la brida para la cabeza y la silla para el lomo.

Frontalera
Testera
Ahogadero
Carrilleras
Riendas
Bocado
Muserola

● Las sillas fueron inventadas hace unos 2 500 años. Antes de eso, la gente se sentaba sobre un sudadero o montaba a pelo.

¿Ayudan las sillas a los caballos?

Sí, la silla no sólo proporciona comodidad al jinete, también es buena para el caballo, porque permite colocar el peso del jinete en la mejor posición para el corcel.

Cincha
Asiento
Pomo
Arzón trasero
Estribo
Faldón

● La cincha es una tira que se ciñe al vientre del caballo para mantener la silla en su lugar. Se abrocha bajo los faldones de la silla.

• Hay muchas sillas diferentes, incluidas las vaqueras que usan los pastores de ganado vacuno. Esta silla tiene un pomo muy alto llamado cuerno, donde el vaquero ata su lazo cuando conduce ganado.

¿Por qué llevan casco los jinetes?

El casco de montar equivale al de un motociclista. Está diseñado para proteger la cabeza si el jinete se cae y se golpea contra el suclo.

Cuerno

• Los vaqueros protegen sus piernas con una especie de mandil con perneras de piel que se pone sobre los pantalones y se llama zahón.

• Las mujeres tenían difícil cabalgar en los tiempos en que llevaban falda larga y sólo los hombres usaban pantalones. Ellas tenían que conservar el equilibrio sobre una silla de mujer, con las piernas apoyadas en enganches de cuero situados en un lateral de la silla.

¿Por qué lado del caballo se monta?

La mayoría de los jinetes montan por la izquierda. Sitúate frente al caballo mirando su cola y él quedará a tu izquierda. Pon el pie izquierdo en el estribo y sube la pierna derecha por encima del lomo del caballo.

● Siéntate derecho en la silla, con las piernas contra los costados del caballo. Sujeta una rienda con cada mano.

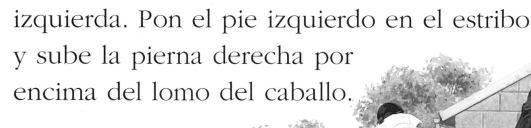

¿Cuánto corren los caballos?

● Un caballo al paso lleva la misma velocidad que tú al andar, unos 6 kilómetros por hora.

Nosotros sólo tenemos dos formas de movernos: andando o corriendo. Los caballos tienen cuatro: paso, trote, medio galope y galope. La más rápida es el galope, ya que al galopar pueden salir zumbando a más de 30 kilómetros por hora.

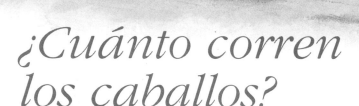

¿Cómo se desmonta?

Una vez arriba, ¡tienes que saber cómo se baja! Saca los dos pies de los estribos, inclínate hacia delante, levanta el pie derecho por encima del lomo del caballo y salta con suavidad al suelo.

- Es probable que la costumbre de montar por la izquierda se adquiriera cuando los hombres llevaban espada, ya que colgaba sobre su pierna izquierda.

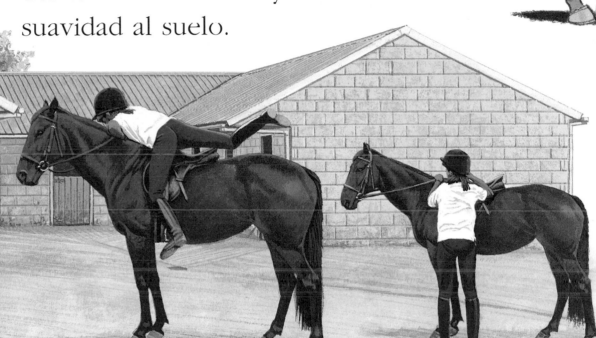

- Un caballo al trote alcanza unos 14 kilómetros por hora.

- Un caballo a medio galope puede alcanzar los 18 kilómetros por hora.

- Al galope, un caballo puede avanzar a más de 30 kilómetros por hora.

¿Qué altura pueden saltar los caballos?

● Los muros se hacen con ladrillos de madera para que el caballo no se lesione si los derriba.

Las vallas de una competición de saltos pueden medir algo más de dos metros de altura ¡más que el caballo! El objetivo del jinete que participa en estas competiciones es completar el circuito sin derribar ninguna valla.

¿Dónde juegan los caballos?

Una gincana es una competición de juegos a caballo para jinetes individuales y para equipos. Con juegos como carreras de sacos y carreras de banderas, ¡casi parece más un día de juegos colegiales!

● Los ganadores reciben de premio escarapelas hechas con cintas de colores.

¿Qué es la doma clásica?

La doma clásica consiste en una serie de movimientos diseñados para demostrar las habilidades de un caballo y su jinete. Los movimientos pueden incluir el trazado de un círculo, un ocho o una figura curva llamada serpentina.

META

● Uno de los mayores desafíos para un jinete y su caballo es el certamen de los tres días, ya que se compite en doma clásica, campo a través y concurso de saltos.

● Uno de los movimientos de doma clásica más peliagudos es la pirueta: el caballo describe un círculo sin mover del sitio los cuartos traseros.

¿Por qué hay que cepillar a los caballos?

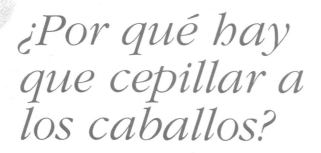

Cepillar al caballo ayuda a mantener la salud de su pelaje, piel y pies. A la mayoría de los caballos les encanta, así que también es una forma excelente de que jinete y caballo se hagan amigos. Pero ten cuidado, ¡algunos caballos tienen cosquillas!

● A los caballos les crece el pelaje en invierno para mitigar el frío. A veces, este pelaje invernal se corta para que el caballo no sude demasiado cuando se cabalga con él.

SÓLO LAS PUNTAS, POR FAVOR

¿Cada cuánto necesitan comer los caballos?

Los caballos tienen que comer pocas cantidades con frecuencia, porque sus estómagos son pequeños para su tamaño. Comen hierba o heno (hierba seca).

● Los caballos adoran la fruta y la verdura, manzanas y zanahorias en especial.

¿Por qué llevan herraduras los caballos?

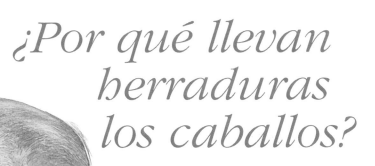

Las herraduras evitan que los cascos se dañen con suelos duros como los de las carreteras. Suelen hacerse de acero, y la persona que las hace y las coloca se llama herrador.

● Las herraduras llevan cientos de años siendo amuletos de la suerte. Incluso en la actualidad, las novias llevan una diminuta herradura de plata el día de su boda.

● Los cascos son de queratina, de la misma sustancia que tus uñas. Cómo ellas, los cascos no dejan de crecer, por eso el herrador pasa por el establo cada pocas semanas para cortar los cascos y cambiar las herraduras gastadas.

¿Cuántas clases de caballos hay?

En la actualidad hay más de 200 razas de caballos y ponis. Los miembros de la misma raza comparten ciertas características, como color y alzada, y las transmiten a sus crías.

• Una mancha corta en una pata del caballo se llama calcetín, ¡y una larga se llama media!

• Hay nombres especiales para las diferentes combinaciones de color del pelaje, la piel, la crin y la cola de un caballo.

¿Cuáles son los caballos más pequeños?

1. Zaíno
2. Appaloosa (pinto)
3. Blanco mosqueado
4. Palomino
5. Negro lucero
6. Tordo
7. Overo
8. Bayo
9. Pardo
10. Alazán tostado
11. Ruano fresa

Los ponis, claro, y la raza de menor tamaño del mundo es la falabella. Las razas pequeñas se miden en centímetros, no en manos, y los falabella sólo miden 75 centímetros de altura.

• Los falabella son demasiado pequeños para ser montados, pero los ponis de Shetland crecen algo más y son los favoritos de los niños.

¿Cuáles son los caballos más grandes?

Los gigantes del mundo del caballo son un grupo de razas conocidas como pesadas. La mayor de estas razas pesadas es la shire. Los caballos shire crecen alrededor de 17 manos y pueden pesar una tonelada.

● El caballo más alto de la historia fue un shire nacido en 1846. Cuando cumplió seis años medía 21,25 manos.

5

9

6

● Los flecos de pelo que rodean las patas del shire se denominan plumas.

10

11

¿Había caballos en tiempos de los dinosaurios?

No, el primer caballo que se conoce aparecíó en la Tierra hace unos 50 millones de años, 15 millones de años después de la extinción de los dinosaurios. Se le llama Hyracotherium, y era muy pequeño, del tamaño de un zorro.

Hyracotherium

Mesohippus

Merychippus

Equus

● Equus, el género de caballo que conocemos hoy, aparecíó hace unos 2 millones de años.

● Las pinturas rupestres creadas hace más de 10 000 años demuestran que mucho antes de domarlos, los hombres prehistóricos cazaban caballos salvajes para alimentarse.

¿Cuándo se empezó a domar caballos?

El primer paso en la doma de caballos se dio al confinar manadas para comer su carne. Esto ocurría hace 6 000 años. Pasaron algunos cientos de años más antes de que a la gente se le ocurriera cómo adiestrarlos para cabalgar.

- El Hyracotherium tenía que evitar al pájaro no volador Diatryma: abultaba diez veces más que el caballito ¡y tenía un apetito voraz!

- Los caballos asilvestrados (salvajes) descienden de caballos que escaparon después de su doma. Entre sus razas están los mustangs de EE UU, los brumbies de Australia y los ponis de Camarga de Francia.

- Los caballos de Przewalski se extinguieron en su medio salvaje en los años sesenta. Sin embargo, han sido criados en reservas y se están dejando de nuevo en libertad en Mongolia.

¿Hay todavía caballos salvajes?

En la actualidad sólo hay una raza que desciende de los caballos salvajes de la prehistoria. Se llamó raza de Przewalski en honor al explorador ruso que la redescubrió en Mongolia, en la década de 1880-90.

¿Cuándo cazaban leones los caballos?

En tiempos del antiguo Egipto, hace unos 3 000 años, los leones vagaban por el desierto egipcio. A los ricos nobles les encantaba pasar el día dando caza a estos feroces animales salvajes, persiguiéndolos a través de las arenas en un rápido carro tirado por caballos.

● Se decía que Bucéfalo era tan salvaje que nadie podía montarlo, pero Alejandro, a los doce años, se subió a su lomo y cabalgó sobre él.

¿Por qué es famoso Bucéfalo?

El potro negro Bucéfalo era el caballo de guerra de Alejandro Magno, rey de macedonia y uno de los más grandes generales de la historia. Cuando Bucéfalo murió en el 327 a.C., Alejandro construyó una ciudad y la llamó Bucéfala en su honor.

● Las leyendas dicen que antiguos guerreros griegos entraron de tapadillo en la ciudad enemiga de Troya, metidos en un enorme caballo de madera. Cuando los guerreros abrieron las puertas de la ciudad al hacerse de noche, sus camaradas entraron en tropel y quemaron Troya hasta los cimientos.

¿Qué tipo de caballo montaban los caballeros?

En tiempos medievales los caballeros montaban caballos ágiles y rápidos en las batallas; el tamaño de estos caballos de guerra era similar al de un caballo de salto actual. Cuando participaban en combates simulados llamados justas, los caballeros usaban caballos más grandes y pesados.

¿Qué caballo tenía alas?

Los antiguos griegos hablaban maravillas de las hazañas de un mágico corcel alado llamado Pegaso y de su dueño, Belerofonte. Su proeza más famosa fue matar a Quimera, un monstruo de tres cabezas que escupía fuego y era en parte león, en parte cabra y en parte serpiente.

¿Qué era un centauro?

Los antiguos griegos creían en toda clase de seres extraños; por ejemplo en el centauro: ¡medio hombre, medio caballo! La mayoría de los centauros eran violentos y peligrosos, pero Quirón era un centauro bueno y sabio que educó a legendarios héroes griegos como Jasón.

¿Quién tenía un caballo de ocho patas?

Los vikingos llamaban Odín al rey de sus dioses. Creían que montaba un caballo de ocho patas llamado Sleipnir, que podía galopar por tierra, mar y aire.

● Las valquirias eran guerreras que cabalgaban por el cielo para llevar a los héroes muertos al Valhala, el paraíso de Odín.

¿Cómo se captura un unicornio?

En tiempos medievales la gente adoraba las historias de unicornios: caballos mágicos con un largo cuerno puntiagudo en la frente. Pensaban que se podía capturar uno enviando a una doncella sola al bosque. Cuando el unicornio se encontrara con ella, reposaría la cabeza en su regazo y se quedaría dormido.

¿Arrimaban el hombro los caballos?

Los caballos hicieron casi todo el trabajo pesado hasta la invención del tren y el automóvil en el siglo XIX. Tiraban de carretas de carga y carruajes de pasajeros. Incluso arrastraban barcazas.

¿Cuándo empezaron a circular diligencias?

Las diligencias empezaron a llevar pasajeros entre pueblos grandes y ciudades en el siglo XVII. Como ocurre con los trenes y autobuses de hoy, subían todos aquellos que podían pagar el pasaje.

● Los pasajeros se echaban a temblar ante el temor de ser atracados por ladrones armados llamados bandoleros. El bandolero más famoso fue Dick Turpin, colgado por sus delitos en 1739.

- Los ponis de Shetland trabajaron bajo tierra en túneles mineros, tirando de vagonetas cargadas de carbón y hierro.

¿Por qué tiene fama Pony Express?

Aunque sólo funcionó dos años (1860-61) la compañía Pony Express de EE UU se hizo famosa en todo el mundo por la rapidez de su servicio de correos. Sus jinetes llevaban cartas y paquetes en la mitad de tiempo que cualquier diligencia.

- Muchos jinetes de Pony Express eran adolescentes delgaditos, porque cuanto menos peso lleve un caballo, más deprisa galopa.

¿Qué labor hacen hoy los caballos?

Cuando estás montado en un caballo eres mucho más alto que los demás y puedes moverte más rápido que a pie. Son dos buenas razones para que los caballos trabajen, en todo el mundo ¡para la policía!

● Algunos caballos trabajan para que la gente se divierta: haciendo senderismo en poni, por ejemplo, o dando un paseo en carro por la costa o el parque.

- La policía montada más famosa del mundo es la de Canadá. En estos tiempos, sin embargo, los policías sólo montan en las celebraciones especiales.

- Las mujeres también trabajan de vaqueras. Sobre todo en Australia, con larga tradición en este tipo de pastoreo.

- Los pastores de ganado vacuno se llaman vaqueros en EE UU, México y España; en Francia se denominan guardianes, en parte de Sudamérica gauchos y en Australia ganaderos.

¿Qué caballos montan los vaqueros?

Según el continente, se utilizan diferentes razas de caballos. Alguno de los mejores trabajadores cuadrúpedos son los ponis de Camarga de Francia, el caballo stock de Australia, el criollo de Argentina, y el quarter y el mustang de EE UU y México.

¿Cuáles son los caballos más rápidos?

Los caballos de carreras son los reyes de la velocidad. Uno de estos caballos, con su yóquey encima, puede galopar por la pista a unos 60 kilómetros por hora.

● Las carreras de obstáculos empezaron en la década de 1750-60, en Irlanda, cuando dos jinetes decidieron comparar la velocidad de sus caballos galopando por el campo entre dos iglesias, ¡y saltando lo que se les ponía por delante!

¿Qué es una carrera de obstáculos?

En una carrera de obstáculos, los caballos tienen que saltar vallas, zanjas y otros obstáculos mientras galopan por el circuito. Una carrera sin obstáculos se llama carrera lisa.

¿Quién se sienta en un sulky?

Los yóqueys en las carreras de trotones. Un sulky es un carrito moderno de dos ruedas que va atado al caballo con un arnés especial. El yóquey se acomoda en el asiento situado sobre las ruedas del carrito y guía al caballo con unas riendas muy largas.

● No importa el día real en que nacieran: todos los caballos de carreras nacidos en Inglaterra celebran su cumpleaños oficial el 1 de enero.

¿Bailan los caballos?

Los lipizzaner son los bailarines de la familia equina, y el lugar para verlos actuar es la Escuela de Equitación Española de Viena, en Austria. Los bellos caballos blancos de la escuela son famosos en el mundo entero por su habilidad y su gracia al realizar los complicados movimientos de la doma clásica.

● Este potro lipizzaner está haciendo un movimiento llamado elevación: el caballo se equilibra sobre las patas traseras y levanta las delanteras.

● Roy Rogers y su caballo palomino Trigger protagonizaron muchas películas del Oeste en los años 40 y 50.

¿Qué caballos han sido estrellas de cine?

Los caballos han protagonizado cientos de películas. ¿Qué hubiera sido de los westerns sin ellos, por ejemplo? Caballos famosos por sus actuaciones en solitario han sido Black Beauty y Champion, el Caballo Maravilloso, así como Silver, la montura de El Llanero Solitario, y Trigger, la de Roy Rogers.

¿Qué es un chukka?

Un chukka es uno de los periodos de juego de 7,5 minutos de un partido de polo. Este deporte es uno de los más rápidos y peligrosos, y nos da otra ocasión fascinante para ver caballos y jinetes en acción.

● Una de las pruebas del rodeo consiste en enlazar ganado: el vaquero galopa tras un novillo e intenta atraparlo con su lazo.

¿Quién monta un macho bronco?

Los vaqueros en las competiciones llamadas rodeos. Un bronco es un caballo sin domar, y los vaqueros ponen a prueba sus habilidades ecuestres intentando mantenerse sobre el lomo del bronco unos segundos… a pelo o con silla.

Índice

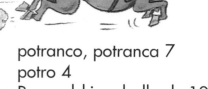